차례

❶ 빅뱅! 우주가 태어났어! ★ 6

❷ 암흑 에너지의 비밀 ★ 17

❸ 점점 거대해지는 망원경 ★ 27

❹ 외계 지적 생명체가 신호를 보냈다? ★ 36

❺ 뱅글뱅글 은하에 암흑 물질이 있을까? ★ 48

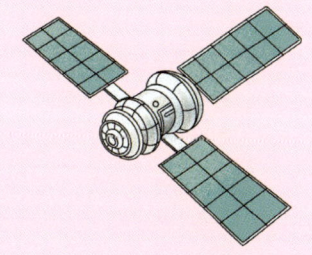

❻ 시공간이 흔들려 ★ 59

❼ 블랙홀의 비밀 ★ 68

❽ 우주의 끝까지 보는 우주 망원경 ★ 78

❾ 지구를 지키는 지구 방위 시스템 ★ 90

❿ 달에 천문대 세우기 ★ 97

작가의 말 ★ 105

1. 빅뱅! 우주가 태어났어!

"우아, 빛처럼 빠른 우주선이 우주로 날아가! 여기저기 별들이 태어나고 사라져. 그리고 마침내 아주 차갑고 캄캄하고 고요한 밤이 왔어."

우주의 미래 모습 중 하나야.

"정말? 여기도 미래잖아."

아주아주, 아주아주 더 먼 미래 말이야.

"미래에는 우주의 끝까지 볼 수 있어? 혹시 영화에서처럼 우주가 여러 개여서 다른 우주도 있는 거야?"

우주의 미래는 아직 정확히 몰라. 다른 우주에 대해서도 마찬가지지. 우주에는 아직 풀어야 할 비밀이 너무 많거든.

"궁금해, 알고 싶어!"

그럼 우주의 비밀을 찾아보자. 미래의 우주에 온 것을 환영해!

"그런데 저기 좀 봐. 대체 무슨 일이야?"

방금 우주가 태어났어.

"우주가 태어났다고?"

응, 아주아주 작은 지점에서 우주가 시작되었어. 아무것도 없어서 어떤 소리도 나지 않았겠지만, 엄청난 에너지로 우주가 태어났어.

사람들은 이 사건을 **빅뱅** 또는 **대폭발**이라고 해.

"세상에! 우주가 태어나는 모습이구나."

맞아, 빅뱅으로 시간과 공간이 시작되면서 우주는 갑자기 어마어마하게 커지기 시작했어.

"왜?"

그건 아직 아무도 몰라.

아주아주 짧은 시간에 아주아주 뜨겁고 높은 에너지에서 우주의 모든 것을 이루는 기본 재료가 만들어졌어. 이 최초

의 3분 동안 우주는 아주 뜨거운 수프 같았대.

"으악, 우주가 수프 같았다니 믿기지 않아."

그리고 3분 뒤에는 뜨거운 우주가 식으면서 우주의 기본 재료가 뭉쳐져 원자핵을 이루기 시작했지.

그리고 38만 년이 지난 다음에야 빛이 나오고 우주가 투명해졌어. 이때 우리가 아는 수소와 같은 원자가 만들어졌지. 너와 나 그리고 우주를 이루고 있는 원자 말이야.

그리고 원자가 서로 뭉치면서 별이 태어나기 시작했어. 지금으로부터 136억 년 전의 일이지. 그로부터 118억 년이 지나서야 지금과 비슷한 우주의 모습이 되었어. 태양과 지구는 45억 년 전에 태어났고 말이야.

"어떻게 갑자기 우주가 생겨나고, 별과 생명체인 우리가 생길 수 있지?"

아직 아무도 몰라. 하지만 과학자들이 우주가 계속 요동치고 있었다는 걸 찾고 있으니까 곧 밝혀질 거야.

"우주가 요동친다고? 신기하고 재미있어!"

맞아, 우주는 신기하고 재미있지.

"잠깐만! 그런데 우주의 첫 모습을 왜 알아야 하지? 이미

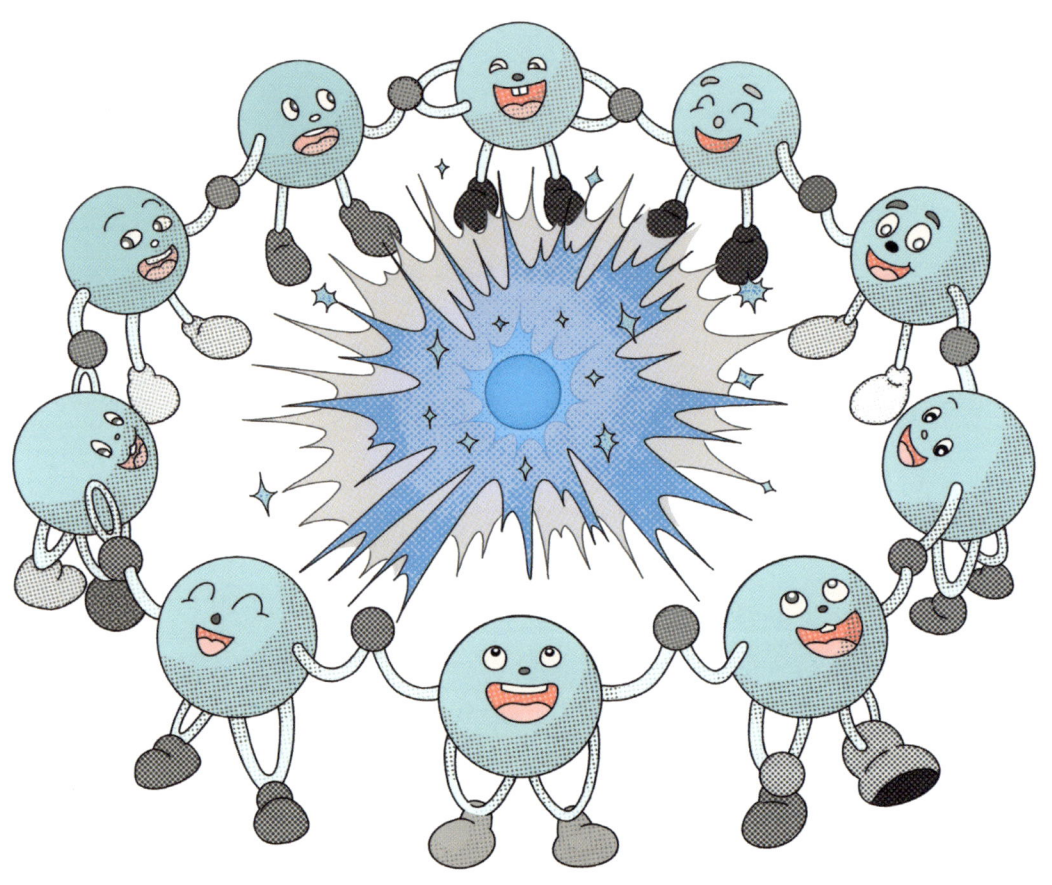

지나간 일이잖아."

　우리가 사는 우주니까. 우주가 어떻게 생겨났는지를 알면 앞으로 우주가 어떻게 될지 알 수 있어. 공이 어디로 날아갈

지 알려면 공을 어디에서 던졌는지 알아야 하는 것처럼 말이야.

"우주의 시작을 알면, 우주의 미래도 알 수 있다는 거야?"

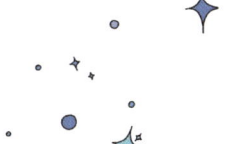

**맞아. 우주의 비밀을 풀면
우주의 미래도 알 수 있을 거야.**

그러면 먼 우주로 나가는 데 도움이 돼. 우리는 아직 우주에 대해 모르는 게 많거든.

"어떻게 하면 우주의 비밀을 알아낼 수 있을까?"

계속 우주를 지켜봐야지.

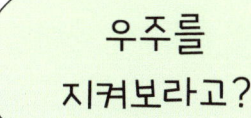

우주를
지켜보라고?

그래, 우리가 우주를
계속 보는 거야.

저기 좀 봐.

"여기는 우주가 아니라 사막인데?"

맞아, 칠레 아타카마 사막의 높은 지대야. 이곳에서 우주가 아기였을 때의 비밀이 밝혀질 거라고 해.

"이렇게 황량한 사막에서?"

칠레의 사막에는 **천문대**가 많아. 우주를 보는 곳 말이야. 최고의 망원경이 이곳에 있지. 우주를 살펴보기에 아주 좋거든. 사이먼스 천문대처럼 아기 우주의 비밀을 밝히기 위해 특별히 만든 천문대도 이곳에 있어.

"우주도 아기일 때가 있었어?"

그럼. 우주가 생겨나고 얼마 되지 않았을 때를 말해.

"그렇다면 한 살쯤의 우주겠네."

아니. 우주가 생겨나고 약 38만 년쯤 지나서까지를 말해.

"그러면 우리 할머니의, 할머니의, 할머니보다 나이가 많다고! 도대체 우주는 몇 살인 거야?"

정확하지는 않지만, 우주는 **138억 살**쯤 돼. 그러니까 38만 살쯤은 아기라 할 수 있겠지?

"우주의 나이가 138억 살이나 된다고?"

응, 우주의 나이를 알아내려고 과학자들이 얼마나 노력했는지 몰라. 빅뱅 이후 어마어마하게 커진 우주를 샅샅이 살펴봐야 했지.

"어떻게 우리가 138억 년 전 일을 알 수 있어?"

저기 보이는 천문대에 우주 초기의 흔적을 찾을 수 있는 기기를 설치했어.

"흔적?"

우주가 태어날 때 생긴 흔적이 있어. 우주가 처음 내뿜은 빛이 흔적으로 남은 거야. 그 흔적을 추적해서 요동치던 우주 초기의 비밀을 알아내는 거지. 그때 나온 빛이 지금도 우주 여기저기에 남아 있어. 그걸 **우주 배경 복사**라고 해.

"우주 초기에 나온 빛이 아직도 있다니 믿을 수가 없어. 어제 비쳤던 햇빛도 사라졌는데 어떻게 오래된 빛이 남아 있지?"

아기 우주는 아주아주 뜨거웠어. 이때 발생한 열이 식어서 우주 전체에 아주 약한 전파 신호로 남아 있는 거야.

"그래서 우주 배경 복사를 빅뱅의 흔적이라고 하는구나."

우주 배경 복사를 보면 우주가 얼마나 **팽창**하고 있는지도

알 수 있어.

"뭐? 우주가 팽창하고 있다고?"

맞아, 우주는 빅뱅의 순간부터 지금까지
계속 **팽창**하고 있어.

2. 암흑 에너지의 비밀

"우아, 저 우주선들은 다 뭐야?"

외계 행성으로 갈 준비를 하는 우주선들이야. 우주 탐사 계획이 앞당겨졌대.

"외계 행성으로?"

응, 태양계 밖의 외계 행성으로.

"그럼 무척 멀리 있는 거잖아."

태양계 밖으로 나가는 거니까 아주 멀지.

"그런데 태양계가 뭐야?"

태양계란, 스스로 빛나는 항성인 태양과 그 주변을 공전하는 모든 천체를 말해. 행성은 수성, 금성, 지구, 화성, 목성,

토성, 천왕성, 해왕성 총 여덟 개가 있어. 태양계를 둘러싼 천체 중 하나인 오르트 구름을 벗어나는 데만도 빛의 속도로 1.5년을 가야 해. 세상에서 가장 빠른 빛의 속도로 말이야.

"지금은 빛의 속도로 갈 수 없잖아."

그러니까 훨씬 오래 걸리겠지.

"그럼 태양계 밖에는 뭐가 있어?"

태양계 같은 항성과 행성을 비롯한 천체도 있고 우주 먼지와 가스가 있지. 이것이 바로 **우리은하**야.

"그럼 그 밖에는?"

우리은하 같은 은하가 있어. 이런 은하를 여러 개 묶어서 국부 은하군으로 부르고, 이런 은하군을 여러 개 모아 은하단 그리고 은하단 여러 개를 모아 초은하단으로 불러.

"우아, 우주는 어마어마하게 크구나."

응, 우주는 빛으로도 약 930억 년을 가야 가로지를 수 있을 만큼 커. 빛은 1초에 30만 킬로미터나 가서 세상에서 제일 빠른데도 말이야.

"그런데도 우주가 계속 커지고 있다니 믿을 수 없어."

천문학자들도 처음에는 믿지 않았어.

"그런데 어떻게 알아낸 거야?"

우주 배경 복사를 조사했지. 그리고 아주 멀리 있는 별빛을 분석했어. 그랬더니 별빛이 모두 붉은빛이더래. 빛은 서로 멀어질 때 붉은빛으로 관측되거든. 가까워질 때는 푸른빛으로 관측되고 말이야.

"혹시 구급차가 지나갈 때 가까워질 때는 소리가 높아졌다가 멀어질 때는 소리가 낮아지는 것과 비슷한 거야?"

> 맞아, 빛이나 소리는 가까워질 때와 멀어질 때 색이나 높낮이가 달라져.

그래서 별 사이가 점점 멀어지는 것을 알았어. 마치 별 모양이 그려진 풍선을 불면, 별과 별 사이가 점점 멀어지듯이 말이야.

"별 모양이 서로 멀어지는 건 풍선이 커지기 때문이야."
맞아, 별과 별 사이가 점점 멀어지는 건 풍선, 즉 우주가

커지기 때문이지.

"나도 빨리 미래로 가서 먼 우주에 가고 싶어."

조금만 기다려. 우주의 비밀을 알아내면 먼 우주로 나가는 일이 더 쉬워질 거야. 그중에서도 **암흑 에너지**의 비밀이 밝혀지면, 우주를 잘 알게 될 거야.

"암흑 에너지?"

> **암흑 에너지는 정체를 아직 알 수 없는
> 아주 이상한 에너지야.
> 우주에 퍼져 있다고 생각하고 있지.**

"정체도 모르는데 암흑 에너지가 있는지 어떻게 알았어?"

우주가 점점 커지는데, 이상하게도 점점 빠르게 커지고 있거든.

"그건 어떻게 알게 된 거야?"

별들이 서로 멀어진다고 했잖아.

"응."

우주에는 아주 크게 폭발해서 굉장히 밝은 빛을 내는 초신성이 있어. 아주아주 밝아서 길잡이 별로 쓰이지. 초신성을 기준으로 주변 별들이 얼마나 멀어지는지 비교했어.

"그랬더니?"

별들이 점점 더 빨리 멀어지더래.

그러니까 우주는 점점 커지고, 매일매일 그 속도가 빨라지고 있다는 거야?

맞아.

"어떻게 그럴 수가 있지?"

과학자들은 우주를 밀어내는 어떤 존재가 있기 때문이라고 생각했어.

> **바로 그게 암흑 에너지라고 생각하는 거야.**
> **우주가 점점 더 빠르게 커지는 것은**
> **바로 암흑 에너지 영향일 거라고 말이야.**

"암흑 에너지가 뭔데?"

아직 그 정체는 아무도 알아내지 못했어. 미래에 풀어야 할 우주의 비밀 중 하나지.

"우아, 우주는 정말 비밀이 많아."

맞아, 우리는 우주의 비밀을 5퍼센트도 밝혀내지 못했어. 95퍼센트 이상이 아직 비밀로 남아 있는 상태야. 그리고 여기 미래에서도 하나씩 밝혀 가고 있어.

"비밀이 많아서 우주만 보고 있어도 심심하지 않겠다."

맞아, 그러니까 계속 우주를 지켜봐야 해!

계속 우주를 보다 보면,
나도 먼 우주에
갈 수 있을 것 같아.

3. 점점 거대해지는 망원경

"어떡해! 우주 전쟁이라도 났나 봐."

왜? 무슨 일인데 그래?

"저기 봐. 커다란 돔이 열리더니 레이저를 쏘고 있잖아. 우주를 향해서 말이야."

저기? 칠레 사막에 있는 은색 돔 말이야?

"응, 거기. 외계인이 쳐들어오면 어떻게 하지?"

걱정하지 않아도 돼. 외계인이 쳐들어온 것도, 우주 전쟁이 난 것도 아니니까. 그냥 **망원경**이야. 우주를 보는 망원경 말이야.

"무슨 망원경이 저렇게 커? 축구장만 하잖아."

높이가 80미터에 지름이 88미터나 되니
그렇게 생각할 만도 해.
이름도 '유럽 초대형 망원경'인걸.

망원경을 보호하기 위해 돔 구조로 만들었지.

"왜 망원경을 그렇게 보호해야 하는 거야?"

이 망원경에는 지름이 39미터나 되는 주 거울이 있고 그 주변에 5개의 거울이 있기 때문이야. 높이만 50미터에 무게만 해도 4,600톤이나 돼.

"그렇게 큰 거울이 있다니!"

**한 조각이 아니라 798개의
육각형 거울 조각을 이어 붙여
큰 거울을 만들었어.
지금껏 빛을 보는 망원경 중
가장 큰 망원경인데,
사람의 눈으로 보는 것보다
수만 배의 빛을 모을 수 있어.**

"정말 대단한걸. 그런데 레이저는 왜 우주를 향해 쏘는 거야?"

기준 별을 삼기 위해서야.

"기준 별?"

응, 지구에서 별을 보면 대기에 의해 별빛이 흔들려 보이기도 해. 날씨에 따라 별빛이 달라지기도 하지. 그렇게 되면 별의 모습과 위치를 제대로 볼 수 없잖아.

이런 대기의 영향을 줄이기 위해서는 아주 밝은 기준이 필요해. 그래서 곧게 뻗어 나가는 레이저를 우주로 쏘아 그 기준을 만드는 거야. 레이저 빛을 기준으로 지금 대기와 날씨에 별빛이 얼마나 흔들리는지 알고 그걸 수정해 나가.

"아하, 그러면 더 정확하게 별을 볼 수 있겠다. 어휴, 다행이야. 나는 우주 전쟁이라도 난 줄 알았잖아."

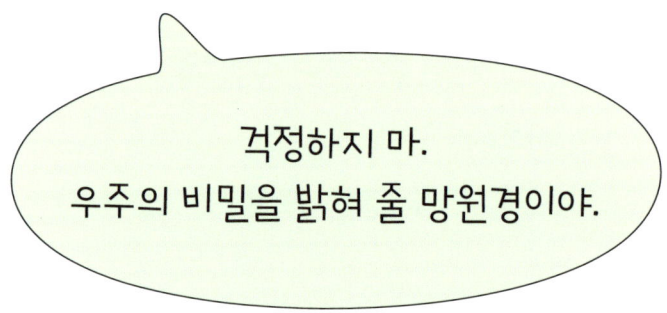

걱정하지 마.
우주의 비밀을 밝혀 줄 망원경이야.

"칠레 사막에는 여기저기 대형 망원경이 많아. 다양한 나라와 다양한 기관에서 만든 망원경이래. 왜 칠레에 이런 망원경이 많은 거지?"

 높은 지대가 많은 데다 사막이잖아. 건조하고 날씨가 맑은 날이 많아서 별을 보기 좋아. 생각해 봐. 매일 비가 오는 곳이라면 아무리 커다란 망원경으로 보아도 별이 구름에 다 가려져 버릴 거야.

 "이제 왜 사막에 커다란 망원경을 설치하는지 알겠어."

 칠레의 유럽 남방 천문대에는 지름 8.2미터의 거울을 가진 망원경이 무려 네 개나 있어. 네 개의 망원경이 함께 작동해 강력한 망원경이 되는데, 이름도 **초거대 망원경(VLT)**이야. 지름 8.4미터의 거울 일곱 개를 모아 지름 25.4미터의 거울을 갖게 될 거대 마젤란 망원경(GMT)도 칠레에 있지.

 "다들 엄청나게 크다. 이런 거대한 망원경으로 무엇을 보는 거야?"

**별! 별은 스스로 타올라 빛을 내는 항성이야.
태양이 바로 별이자 항성이지.
그리고 별빛을 반사하는 행성, 우주 먼지와
가스, 별 들이 모인 은하들을 볼 수 있어.**

별빛은 우주를 날아 지구까지 와.

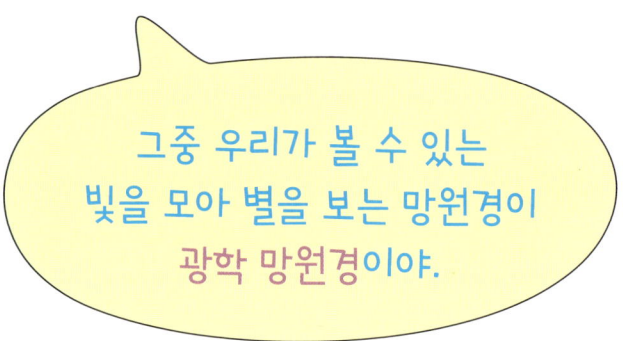

그중 우리가 볼 수 있는
빛을 모아 별을 보는 망원경이
광학 망원경이야.

광학 망원경은 거울과 렌즈를 이용해 별을 크게 볼 수 있도록 해. 멀리 있는 작은 별을 크게 보기 알맞아. 처음 망원경으로 별을 본 것은 갈릴레이야. 그만큼 오래된 방식이지. 지금까지도 가장 최신 방식 중의 하나야.

"어떻게 망원경으로 보는 것이 최신 방식이야?"

망원경이 첨단 기술로 점점 발달하고 있잖아. 광학 망원경으로 멀리 보려면 거울이 커야 해. 새로운 소재와 최신 기술로 거울을 크게 만들어서 컴퓨터에 연결해. 더 정확하게 별을 보려고 말이야.

또 보이지 않는 빛을 보거나 특수한 망원경을 만들기도

하고.

"특수한 망원경?"

우주 배경 복사를 관측하는 망원경을 만드는 것처럼 말이야. 뜨거운 태양열을 견딜 수 있는 망원경을 만들어 태양만 관찰하기도 해. **다니엘 K. 이오누에 태양 망원경**처럼 말이지. 태양 빛은 작은 돋보기로만 모아도 종이에 불이 붙을 정도 잖아. 커다란 렌즈와 거울로 태양을 보려면 정말 뜨거운 열을 견딜 수 있도록 해야 해. 최대한 열을 막을 수 있는 다양한 첨단 기술을 이용해서 멋진 태양 표면 사진을 찍었어. 그 결과 태양은 표면이 단단하지 않고, 기체로 되어 있다는 것을 밝혀냈지.

"멋지다! 그럼 점점 커지는 망원경으로 우주의 비밀을 알아낼 수 있어?"

그럼, 물론이지. 우리은하와 블랙홀, 암흑 물질과 암흑 에너지의 비밀을 알 수 있어. 지구와 비슷한 환경의 행성과 외계인의 흔적을 찾을 수 있지. 그리고 아무도 예상치 못한 어떤 발견을 해서 세상을 깜짝 놀라게 할 수도 있고 말이야.

4. 외계 지적 생명체가 신호를 보냈다?

"초록색이래? 눈은 몇 개래? 혹시 손이 네 개는 아닐까? 문어처럼 생기지는 않았대?"

아직 몰라.

"미래에 외계인의 신호가 잡혔다면서? 외계인이 자기소개를 했을 것 아니야."

우주로부터 이상한 신호가 들어오기는 했어. 하지만 외계인이 보낸 신호인지는 아직 몰라.

"실망인걸."

아직 실망하기는 일러. 매일 우주로부터 들어오는 신호와는 정말 다르니까.

"우주로부터 신호가 매일 들어와?"

그럼. 별빛도 들어오고 입자도 들어와. 그런데 그동안 들어왔던 것과는 달라. 처음 보는 형태의 신호가 들어온 거야.

"어떻게 그런 신호가 들어왔는데?"

아직은 잘 몰라. 하지만 우주로부터 들어오는 전파 신호를 매일 분석하던 천문학자들은 이게 바로 **외계 지적 생명체**의 신호일 거라고 말하고 있어.

외계 지적 생명체가 뭔데?

외계인을 말해.
우리처럼 생각할 수 있고
의사소통할 수 있는
지적 능력을 지닌 외계인을
외계 지적 생명체라고 해.

"아직 다른 소식 없어? 정말 외계 지적 생명체가 보낸 신호인지 너무 궁금해!"

진정해. 먼저 신호를 분석해 봐야지. 우리에게 어떤 신호를 보냈는지 말이야.

"그런 거야? 그렇다면 정말 궁금하지만 기다릴게."

그래, 조금 기다리면 곧 무슨 뜻인지 알아낼 거야.

"그런데 왜 우리에게 신호를 보내왔을까?"

글쎄, 그건 아직 알 수 없어.

"천문학자들은 우주에서 들어오는 신호를 어떻게 알아냈어? 가만있어서는 보거나 들을 수 없잖아."

당연하지. 천문학자들이 우주에서 들어오는 신호를 잡기 위해 얼마나 큰 망원경을 설치했는데.

"망원경? 망원경은 빛을 보는 것 아니야? 아까 분명 신호라고 했잖아."

응, 우리 눈에 보이는 빛을 보는 망원경과는 달라.

전파로 보는 전파 망원경이야.

"전파로 보다니, 그게 무슨 말이야?"

전파로 우주를 관측한다는 이야기야. 전파는 별빛의 일부거든.

"별빛이라고?"

응, 별빛. 빛을 프리즘으로 본 적 있어?

"응, **프리즘**으로 햇빛을 보면 햇빛이 빨주노초파남보 무지개색으로 퍼져 나와."

맞아, 빛이 무지개색으로 퍼져 나오는 것을 스펙트럼이라 해. 합쳐진 빛을 펼쳐서 내보내는 거지. 그런데 우리는 그중에서 빨주노초파남보 무지개색을 띤 **가시광선**만 볼 수 있어.

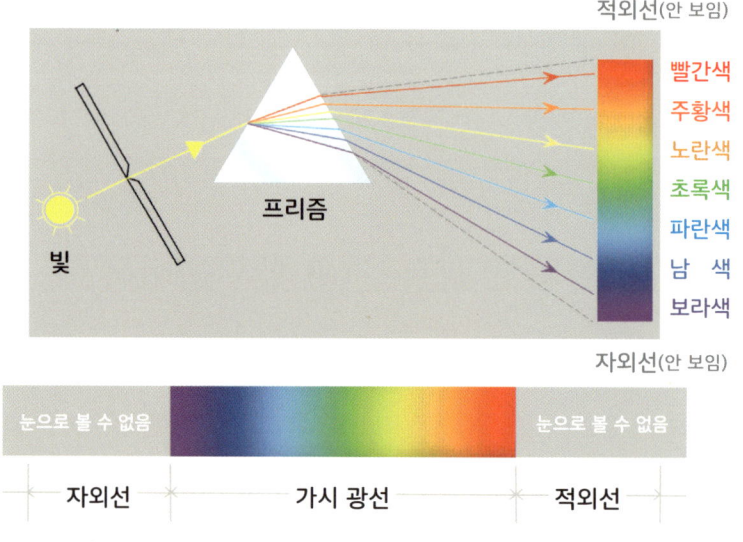

그리고 보이지 않는다고 빛이 없는 것은 아니야.
우리 눈에 보이지 않지만, 캄캄한 밤하늘에서
우리 머리 위로 빛이 쏟아져 내리고 있어.

"볼 수 없는 빛이 있다니, 정말 놀라워!"

> 눈으로 볼 수 없는 빛에는
> **자외선, 엑스선, 감마선, 적외선,
> 마이크로파, 전파**가 있어.

"엑스레이를 찍을 때 쓰이는 엑스선도 빛이라고?"

응, 빛이야. 빛은 모두 전자기파거든. 전기장과 자기장이 찌글찌글 너울너울 마치 물결같이 나아가.

라디오나 티브이 통신에 쓰이는 것이 바로 **전파**야. 장애물을 돌아갈 수 있어서 짙은 안개가 낀 곳이나 깊은 숲속에서도 들을 수 있거든.

우주에서도 마찬가지야. 짙은 대기나 먼지구름이 있어도 전파는 그 속을 통과해 신호를 전달할 수 있어.

"우주의 비밀을 알아내는 데 좋겠는데?"

맞아. 그럼 본격적으로 전파를 이용해 우주를 관측해 볼까?

"좋아!"

지구에서 가장 큰 지름을 가진 전파 망원경으로 말이야.

"우아, 그 전파 망원경은 얼마나 커?"

중국 톈옌에 있는 전파 망원경(FAST)은 안테나 지름이 500미터나 돼. 그 면적은 무려 축구장 30개를 합한 어마어마한 크기야.

"진짜 크다. 왜 전파 망원경은 그냥 망원경보다 커?"

전파는 빛보다 신호가 약해.
그래서 전파 망원경에는 전파를 모으기 위해
커다란 접시 모양의 안테나가 필요해.

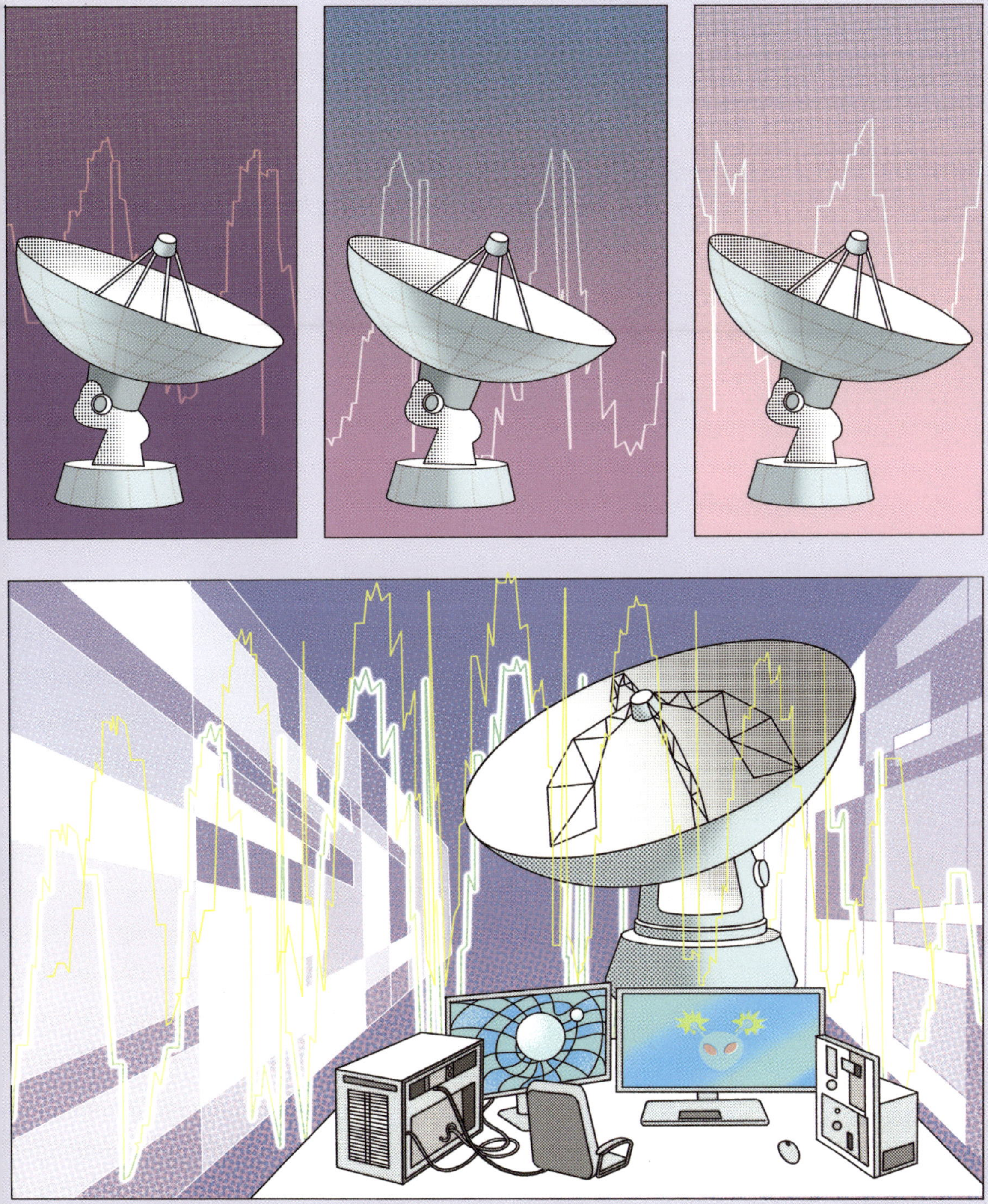

우주 멀리서 날아온 전파가 안테나 접시의 둥그런 면에 반사되어 수신기에 모여. 전파 신호는 전선을 따라 제어실로 보내지고. 제어실에서는 신호를 크게 증폭시켜서 컴퓨터 이미지로 별빛을 나타내.

그래서 전파 망원경 중심부에 특별한 구조물이 있구나.

맞아, 보이지 않는 별빛을 우리가 보게 만드는 방법이야. 우리가 보는 많은 별 사진이 눈에 보이지 않는 빛을 관측한 다음 우리 눈에 보이게 수정해 놓은 거야.

"신기해! 그런데 정말 우주에 외계인이 있어?"

그건 아직 몰라. 하지만 광활한 우주에 생명체가 우리밖에 없다면 좀 이상하잖아.

외계인이 정말 있는지 너무 궁금했던 한 과학자는 외계인이 있을지 알아보는 수학 공식도 만들었어. 그 결과 외계 문명이 존재할 거라고 예상했어! 물론 아직까지 예상일 뿐이야. 하지만 수학 공식만 들여다보면서 가만있을 수는 없잖

아. 그래서 전파 망원경으로 외계 지적 생명체의 신호를 찾는 거야.

"아하! 그러면 이제 기다리기만 하면 돼?"

아니. 지구에서 전파를 우주로 내보내기도 했어. 지구에 우리가 있다고 말이야! 먼 우주 어딘가에 외계 생명체가 있다면 그 전파 신호를 보고 우리에 대해 알 수 있을 거야.

"무슨 내용을 보냈어? 정말 궁금해!"

**인류를 소개하는 내용이야.
1부터 10까지의 숫자,
사람의 유전자와 유전자의 이중 나선 모양,
사람 형체와 태양계에서의 위치,
전파 망원경에 대한 정보를 보냈어.**

"그런데 외계인이 우리 글을 알아보지 못하면 어떻게 해? 영어, 한글도 모두 말이야."

물론 그럴 가능성이 커. 그래서 조금만 추측해 보아도 알 수 있도록 0과 1의 코드로 나타냈어.

여기는 지구!

지구에 살고 있는 인구는 약 81억 명!

1
2
3
4
5
6
7
8
9
10

"그러면 되겠다. 외계인이 신호를 알아보면 좋겠어."

맞아. 이번에 천문학자들이 받은 신호가 외계 지적 생명체가 보낸 신호가 아닐 수도 있어. 하지만 다양한 분야의 많은 학자가 **외계 지적 생명체 탐사**를 하고 있어. 우주에서 보내오는 신호를 분석하고, 우리 소개를 우주로 보내지. 앞으로도 계속될 거야. 우주 어디엔가 있을 또 다른 외계인 문명을 찾는 일 말이야.

"우아, 정말 기대된다!"

 5. 뱅글뱅글 은하에 암흑 물질이 있을까?

"여기가 대한민국 그리고 여기는 우리 동네……."
무슨 지도를 그리는 거야?

수상한 신호가 들어왔다면서.
외계인 친구를 사귈 수도 있잖아.
초대하려면 지도를 그려 놔야지.

멀리서 오는 외계인이 우리나라 지도를 보고 너를 찾아올 수 있을까?

"그렇겠다. 그럼 태양계, 지구 행성, 대한민국……."

태양계 밖으로 조금 더 크게 그려 봐. 외계인은 아주 멀리서 올 테니까.

"그런데 나는 태양계 밖은 잘 모르겠어. 도와줘!"

마침 가이아 위성이 관측한 자료를 보내왔어. **우리은하**의 모습을 알기 위해 우주로 나간 위성 말이야. 슈퍼컴퓨터 여러 대가 모두 힘을 합쳐 몇 년 동안 자료를 해석하고 지도를 그리고 있으니 도움이 될 거야.

"우리은하는 뭔데?"

> 우리은하는 태양계가 속한 은하야.
> 은하는 수많은 별과 먼지, 기체가
> 모여 있는 것을 말해.

"우아, 우주가 정말 넓은가 보다. 그러면 우리은하 이야기를 더 해 줘."

우리은하는 태양계가 속한 은하라고 했지? 지구는 태양

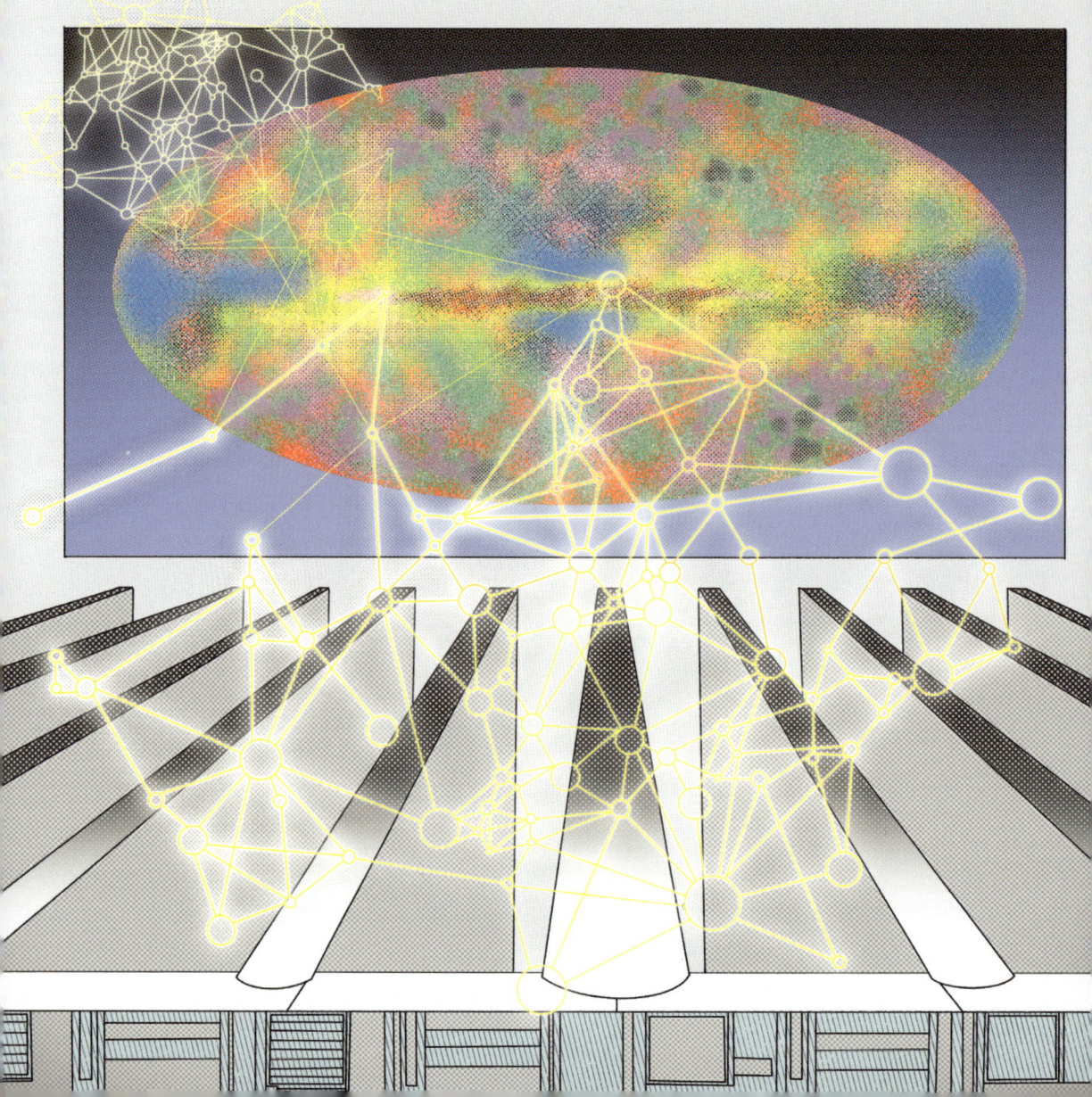

계 안에 있고, 태양계는 우리은하 안에 있어.

혹시 은하수를 본 적 있어?

"시골 할아버지 댁에 갔을 때 본 적 있어. 밤하늘에 하얀 강처럼 보이는 것 말이지?"

맞아, 마치 우윳빛 강처럼 보여. 우리나라에서는 4월에서 8월 사이 한밤중에 보이지.

"그게 모두 별이야?"

응, 은하수는 우리은하 중심의 모습이야. 우리은하를 이루고 있는 별과 우주 먼지와 기체가 보이는 거지.

"우리가 우리은하의 중심이 아니었어?"

응, 우리가 속한 태양계는 우리은하의 바깥쪽에 있거든.

**우리은하는 위에서 보면
뱅글뱅글 돌아가는 나선 모양이야.
또 옆에서 보면 납작하면서
가운데가 볼록한 원반 모양이지.**

그래서 우리은하 중심 쪽을 바라보면 별이 많아 강물처럼 보이는 거야.

"그렇다면 어마어마하게 크겠다."

아주아주 거대해. 은하는 한쪽 끝에서 다른 끝으로 빛의 속도로 가도 보통 수백 년에서 수십만 년이 걸려. 우리은하도 한쪽 끝에서 다른 쪽 끝까지 가는 데 빛의 속도로 약 10만 년이나 가야 할 정도로 커.

"그렇게 큰 우주의 별들을 모두 어떻게 관측해?"

우주로 나가 망원경으로 관측해. 가이아 위성은 지구 밖에 머물러 있어. 그래서 지구에서보다 더 멀리 볼 수 있지. 게다가 1천 킬로미터 밖에서 우리 머리카락 굵기 정도의 지름을 측정할 수 있을 정도로 성능이 좋은 카메라와 두 대의 망원경을 장착하고 있지. 그래서 빛이 나는 것은 무엇이든 관측할 수 있어.

"대단한걸."

대략 10억 개가 넘는 별들의 위치와 운동을 측정하는 거야.

"10억 개? 봐야 할 별이 너무 많은데?"

그런데 이것도 우주 전체의 이야기가 아니야. 우리은하의 약 1퍼센트 정도밖에 되지 않아. 은하 내부에서 은하 전체의 모습을 알아내기란 어렵지. 그렇다 보니 은하의 지도를 그리는 일이 오래 걸려.

그래서 이전의 다른 위성이 나가 관측한 자료를 이용하고 새로 관측한 내용을 덧붙여 나가. 그리고 그보다 훨씬 오래전, 망원경이 없을 때부터 천문학자들이 별을 관측하고 남긴 기록도 사용하지. 갈릴레이나 티코 브라헤가 남긴 기록까지 말이야. 수 세대에 걸쳐 별을 찾아 기록하는 거야.

"맞아, 그러고 보니 사람들은 오래전부터 별에 관심을 가져 왔어."

천문학자들의 노력과 함께 최신 망원경 그리고 컴퓨터와 인공지능 프로그램으로 우리은하 지도의 모습을 완성해 가고 있어.

"다른 은하도 우리은하처럼 생겼어?"

비슷한 것도 있고 아닌 것도 있어. 여러 개의 팔이 뱅글뱅글 도는 나선 은하, 타원 모양인 타원 은하, 불규칙하게 둥그런 불규칙 은하, 아주 작은 왜소 은하 등 다양한 모습이야.

그런데 여기서 중요한 사실이 있어.
"뭔데?"

은하가 모두 둥근 모양으로
뱅글뱅글 돌고 있다는 거야.

"돌고 있다고?"

응, 지구가 스스로 뱅글뱅글 돌면서 태양 주변을 뱅글뱅글 돌듯이 태양계 행성들도 뱅글뱅글 돌고, 우리은하도 모두 뱅글뱅글 돌아. 별들은 모두 뱅글뱅글 돌고 있어.

"우주가 모두 뱅글뱅글 돈다니, 너무 어지럽겠다. 그런데 왜 모두 뱅글뱅글 돌고 있어?"

아직 몰라. 처음 별과 은하가 태어날 때는 서로 잡아당기는 힘으로 뭉쳐져서 뱅글뱅글 돌았어. 그런데 이렇게 오랫동안 뱅글뱅글 도는 것은 이상한 일이야.

"이상한 일이라니?"

천문학자들이 관측한 자료로 아무리 계산해도 은하가 돌 이유가 없거든. 그런데 은하는 계속 돌고 있지.

"으악, 우주에 귀신이 있는 거 아니야?"

귀신까지는 아니고, 정체를 모르는 것이 있기는 해.

"그게 뭔데? 귀신보다 무서운 거야?"

무서운지 아닌지 아직 알지 못해. 그저 무엇인가가 우주의 별들을 계속 뱅글뱅글 돌도록 만들 뿐이지.

"그런 존재가 정말 있는 거야? 믿기지 않아."

인공 지능 프로그램이 은하 지도를 그려 보고 알려 준 결과야. 이렇게 별들이 계속 뱅글뱅글 돌기 위해서는 은하에 무엇인가 존재해야 한다고 말이야. 인공 지능 프로그램은 그 무엇인가가 있어야 할 곳을 실 가닥처럼 나타내 줬지.

"그게 뭔데?"

> 천문학자들도 아직 확실한 정체는 모르지만, 그 존재를 '암흑 물질'이라고 부르기로 했어. 아무도 아직 정체를 모르기 때문에 캄캄한 '암흑'이라고 한 거야.

"암흑 물질이란 게 정말 있을까? 인공 지능이라고 항상 정답만 알려 주는 것은 아니잖아."

암흑 물질이 존재한다는 것을 알려 주는 것이 또 하나 있어. 별이나 행성처럼 아주아주 크고 무거운 물체는 공간을 휘어지게 만들어. 그러면 그 공간을 지나는 빛도 휘어지지.

마치 볼록 렌즈를 지나면 햇빛이 꺾이는 것처럼 말이야.

"볼록 렌즈는 햇빛을 모아 준다고 배웠어. 렌즈를 지나면 햇빛이 꺾인다는 것을 그때 알았지."

맞아, 마치 렌즈를 통과한 빛처럼 어떤 별 뒤에 가려져 보이지 않을 별이 지구에서 보이기도 해. 빛을 휘어지게 할 무엇인가가 있다는 이야기야. 바로 그게 암흑 물질일 거라고 생각해.

"그럼 암흑 물질은 투명 귀신 물질인가?"

이제 곧 암흑 물질의 비밀도 밝혀지겠지. 그래도 투명 귀신은 아닐 거야.

"잠깐, 우리 주소 알려 줘야지!"

은하가 모인 것이 은하군, 은하군이 모인 것이 은하단이야. 그러니까 우리 주소는 '라니아케아 초은하단 국부 은하군 우리은하 태양계 지구 행성 대한민국'이야.

6. 시공간이 흔들려

첨단 기술을 통해 우주에 존재하는 보이지 않는 것을 찾아내려고 한다는 사실, 알고 있어?

"보이지 않는 것?"

블랙홀처럼 보이지 않는 것 말이야.

"나도 들어 본 적 있어. 빛도 빨아들인다는 무시무시한 곳이잖아."

맞아, **블랙홀**은 중력이 엄청나게 큰 천체야. 빛마저도 빨려 들어가서 우리는 블랙홀을 볼 수 없어.

"맞아, 무엇이든 빛이 있어야 볼 수 있다고 했어. 그런데 어떻게 블랙홀을 볼 수 있어?"

"중력? 중력은 잡아당기는 힘이잖아. 나무에 달린 사과가 땅으로 떨어지는 것도 중력 때문이고."

맞아, 모든 물체에는 서로 잡아당기는 힘인 중력이 작용해.

나무에 매달린 사과와 지구, 달과 지구, 지구와 태양처럼 말이지. 보통 이 힘을 중력이라고 해.

"그런데 어떻게 중력으로 블랙홀을 보는 거야?"

물체의 중력으로 시공간이 휘어지거든.

"시공간?"

시공간은 우리가 사는 3차원 입체 공간과 시간을 함께 말하는 거야. 중요한 것은 우주에서 별처럼 커다란 물체가 있으면 그 중력 때문에 시공간이 휘어져. 그리고 시공간이 휘어지면서 시공간이 흔들려.

"시공간이 흔들린다고?"

그래. 커다란 그물망에 무거운 공을 떨어뜨리는 것을 상상해 봐. 그물망에 떨어진 공은 그물망을 휘어지고 흔들리게 하잖아.

"맞아, 그물망이 흔들리지."

마찬가지로 중력 때문에 시공간이 휘어지면서 시공간이 요동치게 돼. 물 위에 던진 돌이 만들어 낸 물결이나 우주 공간을 가로질러 오는 전자기파처럼 말이야.

흔들림이 빛의 속도로 전해지는데
이것을 중력파라고 해.

"그러니까 우주 공간에서 어떤 커다란 물체가 움직이면 그 물체의 중력으로 시공간이 휘어지고, 시공간이 물결처럼 흔들려서 물체의 움직임이 먼 곳까지 전달된다는 거야?"

맞아, 우주 안테나로 중력파를 관측해서 우주에서 어떤 일이 있었는지 알 수 있지.

처음 중력파를 관측한 건 미국에 있는 라이고(LIGO)야. 아주 커다랗고 긴 파이프 두 개를 니은 자 모양으로 연결한 장치야. 무려 길이가 4킬로미터나 되지. 이 긴 파이프 끝에는 거울이 있고 파이프 안에서 레이저가 거울에 반사되어 왕복하게 되어 있어. 그런데 중력파 때문에 시공간이 흔들리면 레이저가 지나는 것에 차이가 생겨 버리지.

"우아, 신기해. 그러면 내가 뛰어다니다 부딪혀도 중력파로 알 수 있어?"

아니, 우리처럼 가벼운 사람들은 안 돼.

"그러면 우리 아빠 정도면 될까? 우리 아빠는 키도 엄청나게 크고 몸집도 엄청나게 커."

아니, 코끼리 100마리가 쿵쿵 뛰어다니다 한꺼번에 부딪쳐도 알 수 없는걸. 아주 멀리 있는 지구에까지 중력파가 도달하려면 블랙홀 두 개 정도가 충돌해 서로 잡아먹는 정도여야 해.

"뭐? 블랙홀이 충돌하는 어마어마한 일이라면 우리도 느꼈어야 하는 거 아니야?"

지진이 아니야. 그렇게 어마어마한 일이 일어나도 지구로는 아주 작은 흔들림만 전해질 뿐이야. 아주 멀기도 하지만, 우리의 감각으로는 절대 느낄 수 없는 흔들림이니까.

"우아, 도저히 상상이 가지 않아."

레이저로 시공간의 흔들림을 측정하는 라이고 정도는 되어야 알 수 있어. 라이고는 중력파로 두 개의 블랙홀이 충돌한 것을 관측했어. 빛의 속도로 9억 년이나 가야 하는 아주 먼 우주에서 일어난 충돌이었지. 충돌로 거대 블랙홀 두 개가 합해지는 사건이 일어났지만, 그 흔들림은 지구에서 알아차리기에 정말 작았어.

우주의 시공간이 흔들려서
레이저가 지날 때
아주 미세한 차이가 생겨났어.

"정말? 그러면 이제 우주에서 블랙홀이 서로 충돌할 때마다 알 수 있겠다."

글쎄, 아주 어마어마한 우주의 사건을 보지 않고 알아내려면 오래 기다려야 할지도 몰라. 라이고가 블랙홀의 충돌을 처음 측정하는 데 13년이나 걸렸거든.

하지만 우주에는 수많은 별과 블랙홀이 있어. 보통 아주 크고 아주 무겁지. 크고 무거울수록 중력이 크니까 시공간이 아주 많이 휘어져. 그렇다면 우주에 나가서는 블랙홀의 충돌을 더 잘 알아낼 수 있을 거야.

이제 블랙홀이 어떻게 만들어지고 앞으로 어떻게 되는지 알 수 있을 거란 말이지. 우주를 관찰하며 기다린다면 블랙홀의 비밀에 한발 더 가까이 갈 수 있어.

7. 블랙홀의 비밀

"어어, 컴컴한 어둠 속으로 무언가가 빨려 들어가고 있어."

무슨 일이야?

"빨려 들어가는 쪽으로 점점 길어져."

괜찮아?

"어둠에 먹히고 있어. 어떡해!"

아하! **블랙홀**이 작은 행성을 삼키고 있는 모습이야.

"어휴. 그런데 블랙홀은 빛도 빨아들여서 볼 수 없다고 했잖아?"

그렇지. 중력파로 거대 블랙홀이 충돌하는 정도만 알아차릴 수 있지. 블랙홀의 그림자를 보거나.

"블랙홀의 그림자를 볼 수 있다고?"

아주아주 커다란 망원경으로 볼 수 있거든.

"얼마나 커다란 망원경인데?"

> 망원경을 연결한 면적이
> 1제곱킬로미터가 넘는 망원경으로
> 스퀘어 킬로미터 어레이 망원경이야.

"그렇게 커다란 망원경을 어떻게 만들어?"

호주와 남아프리카공화국에 망원경을 아주 많이 세우고, 이 망원경들을 연결하면 돼.

"두 나라는 멀리 떨어져 있잖아. 그런데 두 나라의 망원경들을 연결한다고?"

응, 호주 서부에 설치된 13만 개가 넘는 전파 망원경의 안테나와 남아프리카공화국에 있는 197개 전파 망원경의 안테나를 연결해. 그리고 각 전파 망원경으로 커다란 가상의 망원경을 만드는 거야.

"가상의 망원경? 그럼 망원경은 다 가짜야?"

아니, 진짜야. 커다란 하나의 망원경이 되는 것이 가상이란 뜻이야. 수많은 전파 망원경이 힘을 합쳤다고 생각하면 돼.

"전파 신호를 받아들이는 전파 망원경?"

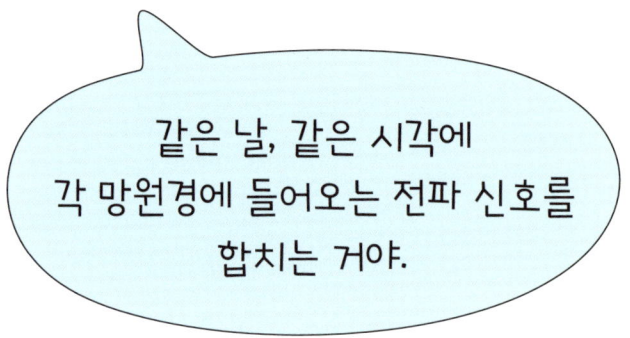

같은 날, 같은 시각에 각 망원경에 들어오는 전파 신호를 합치는 거야.

모든 전파 신호를 영국에서 모아 우주의 모습을 완성하는 거야. 그러면 아주 성능 좋은 커다란 망원경으로 보는 것과 같은 결과를 나타내거든.

"믿기지 않아. 그런 방법으로 정말 우주를 볼 수 있어?"

그럼. 많은 어린이가 모여서 커다란 고래 그림을 그리는 거랑 비슷해. 각자 맡은 부분만 그리는 것이지.

이 방법으로 만든 사건의 지평선 망원경이 있어.

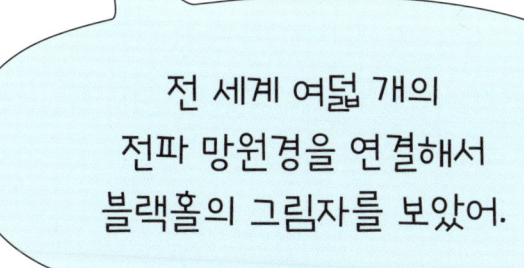

전 세계 여덟 개의
전파 망원경을 연결해서
블랙홀의 그림자를 보았어.

"블랙홀의 그림자?"

응, 블랙홀은 아주아주 중력이 큰 천체야. 보통 무거운 별이 죽은 다음 큰 폭발을 일으키고 나서 블랙홀이 만들어져. 그런데 블랙홀이 될 때 잡아당기는 중력이 아주 강해서 빛을 포함한 주변의 모든 것을 빨아들이게 된다고 이야기했지? 그래서 아무도 블랙홀을 볼 수 없는 거야.

"도대체 얼마나 큰 중력이면 그래?"

우리 지구를 1센티미터짜리 공으로 만들 만큼의 힘 정도라고 생각하면 돼.

"정말 어마어마하게 중력이 크겠다. 그런데 빛이 빨려 들어갔는데 어떻게 그림자가 생겨?"

진짜 그림자는 아니야. 블랙홀 뒷부분에서는 물질이 강하게 회전하면서 빛을 내. 그 빛은 블랙홀 때문에 휘어진 시공간을 따라 동그란 반지 모양을 만들어. 가운데 그림자처럼 까맣게 보이는 곳이 바로 블랙홀이야.

"저 동그란 반지 같은 모습, 영화에서 본 적 있어."

맞아, 영화에서도 나왔어.

블랙홀은 둥근 모양이고 크게 돌며 중앙에서 엑스선을 방출한대. 그리고 블랙홀의 경계선을 사건의 지평선이라고 해.

이런 블랙홀의 그림자를 관측하는 데도 전 세계 여덟 대의 전파 망원경이 닷새 동안 동시에 관측했어. 관측 자료는 모두 비행기로 실어 나를 만큼 많았대.

> 그 결과 지구에서 5500만 광년 떨어진 블랙홀의 그림자를 볼 수 있었어.
> 무려 질량이 태양의 65억배, 크기는 약 400억 킬로미터나 되는 블랙홀이야!

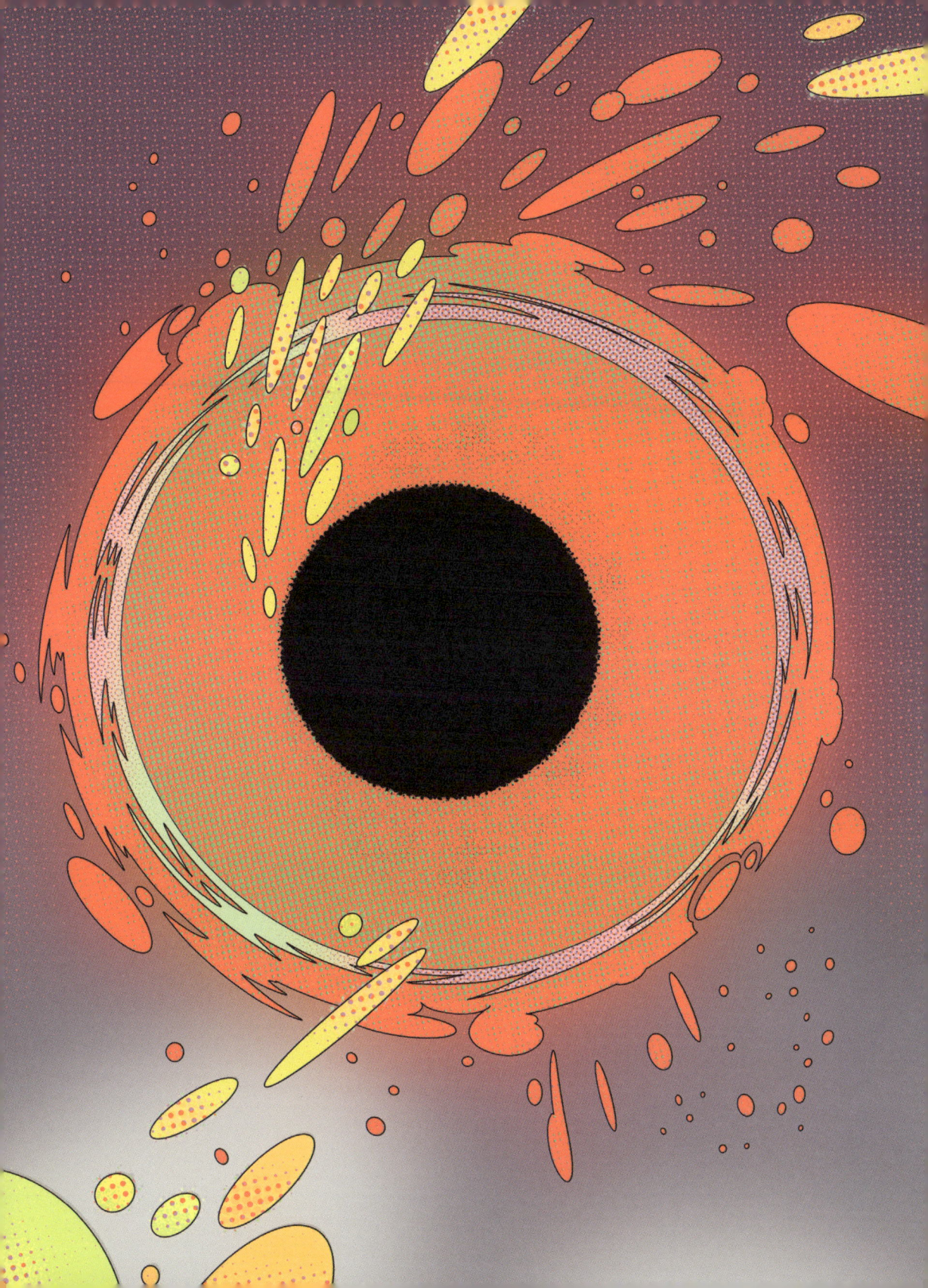

"세상에, 그렇게나 큰 블랙홀이라니! 아까 빨려 들어가는 모습이 상상되어 더 무시무시해."

그동안 더 많은 블랙홀을 관측했지만, 아직 블랙홀의 비밀은 다 풀지 못했어. 블랙홀의 경계에서는 어떤 일이 벌어지는지, 그리고 블랙홀을 통과한 다음 어떻게 되는지에 대해서는 아직 몰라.

"블랙홀로 빨려 들어가면 어떻게 돼?"

**천문학자들은 블랙홀로 빨려 들어가면서
길게 늘어져서 아주 가늘게 되다가
결국에는 모두 작은 입자로 나뉜다고 해.**

"무시무시해! 그런 다음 끝이야?"

보통은 그래. 그런데 만약 **화이트홀**이 있다면, 다시 방출될 거라고들 말해. 화이트홀은 모든 것을 방출하는 곳이라고 예측만 하고 있어. 아무도 본 적 없고 확인도 안 돼.

"화이트홀?"

블랙홀과 반대되는, 모든 것을 내뿜는 구멍 말이야.

하지만 아직 정말 화이트홀이 있는지, 블랙홀에 빨려 들어가면 어떻게 되는지 정확히 알지는 못해.

그리고 만약 이 둘이 연결된 **웜홀**이 있다면 시간 여행도 가능할 거라 하는 사람도 있어.

"시간 여행까지 된다고? 궁금해! 좀 무시무시하지만 빨리 알고 싶어."

이제 커다란 전파 망원경을 연결했으니 블랙홀에 빨려 들어가는 모습을 생생하게 보는 것은 정말 시간문제야. 머지않아 블랙홀의 비밀도 전부 알게 될 거야.

8. 우주의 끝까지 보는 우주 망원경

"우아, 엄청나게 아름다운 사진이야. 반짝반짝 빛나는 별이 정말 많아."

아름답지? 아주 멀리 있는 깊은 우주의 모습이야.

"작은 붉은색 동그라미는 은하 같은데?"

맞아, 은하의 모습이야. 언제일 것 같아?

"글쎄, 최근에 찍은 사진이니까 얼마 전의 모습이야?"

아니, 우주가 처음 만들어지고 초기에 만들어진 은하의 사진이야. 우주 나이가 3억 살쯤 되었을 때 말이야.

"그렇다면 정말 오래전에 있었던 일이잖아."

그럼, 우주가 생겨나고 얼마 지나지 않았을 때의 모습이니까. 이제 곧 맨 처음 만들어진 은하도 볼 수 있을 거야.

"그 은하는 지금의 은하와는 달라?"

물론 다르지. 지금 우주와는 다른 환경에서 만들어졌으니까. 그래서 은하가 어떻게 만들어지고 진화하는지를 알 수 있어. 우리가 어떻게 시작되었는지에 관한 비밀을 알게 되는 거지.

"그렇게 오래된 우주의 모습을 어떻게 본 거야?"

우주 망원경이 우주로 나가서 사진을 찍었어. **제임스 웹 우주 망원경(JWST)** 말이야.

"혹시 제임스 웹 우주 망원경에는 타임머신이 있어? 어떻게 과거를 봤지?"

아니, 별빛은 모두 과거에서 왔으니까.

빛? 빛은 세상에서 가장 빠르잖아.

빛은 1초에 30만 킬로미터를 갈 만큼 빨라.
하지만 우주의 별들은 너무 멀리 떨어져 있어서
별빛이 지구에 오려면 시간이 걸려.
달에서 반사된 빛이 지구로 오는 데도
약 1.3초가 걸려.

우리는 항상 1.3초 전의 달을 보는 거야.

"정말? 그러면 태양도 마찬가지야?"

응, 태양 빛이 지구에 오는 데 8초가 걸리거든. 우리는 항상 8초 전의 태양을 보는 거지. 가장 가까운 안드로메다은하는 빛의 속도로 250만 년을 가야 하는 거리에 있어. 따라서 우리가 보는 안드로메다은하는 항상 250만 년 전의 모습이야.

"그렇다면 우리는 항상 별의 옛날 모습만 보는 거야?"

별은 멀리 떨어져 있고, 빛이 와야 볼 수 있으니까.

"오래전의 모습을 본다는 게 이상해."

그렇기는 해. 그런데 이번에는 거꾸로 생각해 봐. 만약 누군가가 6천만 광년 떨어진 처녀자리 은하단에서 우리 지구를 본다고 말이야.

"알겠다! 6천만 년 전의 지구를 보는 거야."

맞아, 지금으로부터 6천만 년 전의 지구를 볼 거야. 그런데 그때는 지구에 사람이 없고 공룡이 살던 때였어.

"정말 그렇네? 그럼 처녀자리 은하단에 있는 누군가가 지구를 보면?"

우리 대신 공룡을 보는 거야. 이제 우리가 보고 있는 은하

는 그 은하의 오래전 모습이라는 걸 알겠어?

"이제 알겠어."

멀리 있는 은하를 볼수록 더 오래전의 모습을 보는 거야.

> **그러니까 아주 멀리 볼 수 있다면
> 수십억 년 전의 우주 모습을
> 볼 수도 있어.**

대신 최초의 우주의 모습을 보려면 정말 멀리, 멀리 있는 우주를 봐야 해.

"그렇다면 어떻게 더 멀리 볼 수 있어?"

더 멀리 보기 위해 망원경을 우주로 보내. 허블 우주 망원경, 제임스 웹 우주 망원경, 유클리드 우주 망원경, 낸시 그레이스 로먼 우주 망원경처럼 말이야.

"우주로 나가면 더 좋아?"

지상에서는 대기 때문에 별빛이 흔들리고 날씨가 좋지 못하면 별을 보지 못해. 게다가 사람들이 만들어 낸 신호들도 별을 보는 데 영향을 주거든.

"그럼 망원경은 어떻게 우주로 나가는데?"

커다란 로켓에 제임스 웹 우주 망원경을 접어 넣었어. 마치 종이접기 하듯 말이야. 그리고 우주로 나가 다시 펼쳐지도록 만들었지. 강철의 여섯 배나 강하지만 가벼운 베릴륨에 얇은 금을 코팅했어. 그래서 테니스 코트 크기의 망원경이 6.5톤밖에 되지 않아.

"진짜 엄청나게 크구나."

제임스 웹 우주 망원경은 태양과 지구가 잡아당기는 힘이 같아서 어느 쪽으로도 끌려가지 않는 라그랑주 지점에 자리를 잡았어.

그곳에서 태양을 등지고 정해진 길을 뱅글뱅글 돌며 우주를 관측해.

"왜 태양을 등지고 있어?"

태양 빛은 너무 강하고 뜨겁잖아. 다른 별을 볼 수 없을 만큼. 제임스 웹 우주 망원경은 뜨거운 태양열을 막을 방열판을 달고 별빛을 더 잘 받아들일 수 있는 황금빛 거울을 달고 우주로 나갔어. '골든 아이(Golden eye)'라는 별명도 있어.

"골든 아이는 금빛 눈이라는 뜻이야. 맞지?"

맞아, 그리고 골든 아이는 더 먼 우주를 보기 위해 적외선을 선택했어.

"적외선?"

응, 이전에 발사된 우주 망원경은 우리가 볼 수 있는 가시광선을 보도록 했어. 하지만 제임스 웹 우주 망원경은 더 멀리 보기 위해 가시광선 대신 적외선을 볼 수 있는 망원경을 달게 했다는 뜻이야.

**적외선은 빛의 스펙트럼에서 우리 눈에
보이지 않는 빨간색 바깥쪽 영역의 빛이야.**

"빨주노초파남보 무지갯빛으로 빛이 퍼지는 스펙트럼 기억나."

맞아, 우주가 팽창해서 멀어지는 별빛은 모두 붉은색이나 적외선으로 남았기 때문에 적외선을 보려고 하는 거야.

또 적외선으로 보면 먼지나 기체에 숨겨진 빛도 잘 볼 수 있어. 즉, 아주 멀리 있는 은하나 가스 안에 있는 별을 제대로 보기 좋다는 뜻이지.

"진짜 더 잘 볼 수 있겠다!"

그리고 여러 개의 겹눈을 가진 곤충처럼 동시에 여러 곳을 볼 수 있는 카메라로 우주를 관측했어. 그러다 보니 사진 한 장 속에 태어난 지 얼마 되지 않은 아기 별부터 나이 들어 죽어 가는 별까지 모두 담을 수 있었지. 별도 태어나고 죽으니까.

"정말? 살아 있는 생물도 아닌데 태어나고 죽는다고?"

응, 가스와 먼지가 많은 곳에서 그것들이 뭉치면서 온도가 충분히 올라가면 아기 별이 탄생해. 그리고 별이 다 타오르고 나면 죽음을 맞이하고.

"별이 어떻게 죽어?"

별의 죽음은 다양해. 어떤 별은 충분히 타오르다가 폭발해서 먼지와 기체가 되어 다른 별의 재료가 돼. 어떤 별은 충분히 타오른 다음 먼지와 가스에 둘러싸인 하얗고 작은 별이 돼. 어떤 별은 충분히 타오른 다음 점점 커지다 초신성 폭발을 크게 일으키며 중성자별이 되거나 블랙홀이 되기도 해.

"와, 별도 태어나고 죽는다니 정말 신기해."

은하도 마찬가지야. 은하도 처음 만들어진 다음 서서히 진화하지.

그래서 우주가 탄생하고, 처음 만들어진 별과 은하는 지금 만들어진 별과 은하와는 조금 달라. 우주의 상태가 지금과 달랐으니까.

앞으로 우주 망원경들은 더 먼 우주를 볼 거야. 별과 은하가 처음 만들어졌을 때 우주가 어떤 모습이었는지도 알 수 있게 될 거야. 정확한 우주의 나이도 알 수 있게 되겠지. 그리고 우주가 앞으로 어떻게 될지도.

**과거를 아는 것은
바로 미래를 아는 열쇠가 되니까.**

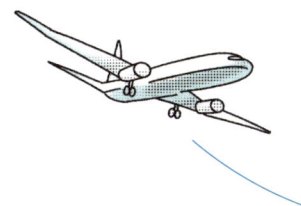

9. 지구를 지키는 지구 방위 시스템

"으악! 미래에 무언가가 지구로 다가온대! 지구에 부딪치면 어떻게 하지?"

진정해.

"우리도 공룡처럼 멸종되면 어떻게 해. 공룡도 소행성 충돌로 사라지게 된 거라며."

공룡은 소행성 충돌로 지구 환경이 나빠져서 멸종되었을 거라고 해.

"그러니까. 지구 밖에 **인공위성**도 엄청나게 많아졌잖아. 그 많은 인공위성이 폐기되어 떨어지는 것도 무서워."

인공위성의 잔해는 크지 않아서 대부분 대기에서 타 버리고 만약에 떨어지더라도 미리 피할 수 있도록 예보해 줘.

"그것보다 커다란 **소행성**이 지구에 부딪칠까 봐 더 무서워. 우주에는 소행성이 엄청나게 많다면서."

맞아, 크기가 아주 작은 것들이 지구에 하루 100톤 넘게 들어와 대부분 별똥별이 되지. 그리고 무엇보다 화성과 목성 사이에 있는 소행성들이 가끔 밀려오기도 해. 그곳에 있는 소행성대에는 수십만 개의 소행성이 있거든. 하지만 너무 걱정하지 않아도 돼.

"무슨 뾰족한 방법이라도 있는 거야?"

> **전 세계에서 우주를
> 꼼꼼히 감시하고 있기 때문이야.**

"정말? 그러면 소행성이 지구와 충돌할까 봐 걱정하지 않아도 되는 거야?"

지구 방위 시스템이 지켜 줄 거야.

"영화에서처럼 지구를 지키는 영웅들이 있어?"

아니. 하늘을 나는 멋진 슈트를 입고 지구를 방위하는 영웅은 없어.

**대신 많은 망원경과 인공위성,
컴퓨터 프로그램이 지구를 지키고 있어.
물론 그것을 감시하는 사람들까지
모두가 지구를 지키는 영웅이지.**

"어휴, 다행이다."

일단 위험한 천체들을 찾아내는 것이 중요해.

"그렇겠다."

지구에 가까이 오는 소행성을 찾는 사람들이 있어. 얼마나 열심인지, 어떤 곳에서는 보름달이 뜨는 기간을 제외하고 거의 매일 밤 소행성 탐사 전용 광시야 망원경과 카메라로 소행성과 혜성을 탐사해.

"좀 안심이 되는걸. 우리나라에도 있어?"

우리나라는 한국천문연구원(KASI) 우주환경감시기관에서 우주의 위험을 감시해. 또 소행성 연구팀이 칠레, 호주, 남아프리카공화국에 설치된 망원경으로 **외계 행성 탐색 시스템**을 운영하고 있어.

"우리나라에서도 지구로 가까이 오는 소행성을 찾았대?"

응, 우리나라에서 찾은 소행성도 위험성이 있는 소행성으로 분류되어 관리되고 있어.

나사(NASA)에서는 센트리 시스템을 가동하고 있어. 앞으로 100년 동안 일어날 수 있는 모든 지구 충돌 확률을 계산해. 매일 충돌 위험이 있는 소행성들의 위험도를 새로 등록해 더욱 안전하게 지구를 지키고 있지.

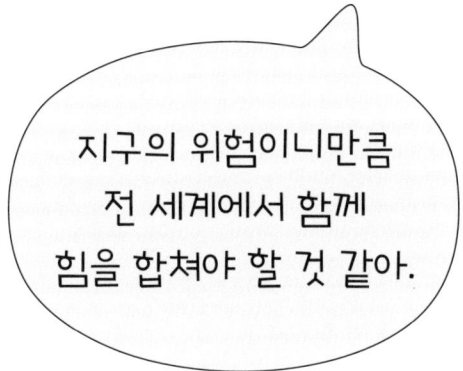

지구의 위험이니만큼 전 세계에서 함께 힘을 합쳐야 할 것 같아.

맞아, 전 세계 학자들이 모여서 행성 방위 학회를 열고 위험한 것을 함께 확인해. 매년 6월 30일을 소행성의 날로 지정할 정도지.

"그런데 지구에서 열심히 관측해도 정말 큰 소행성이 갑자기 날아오면 어떻게 해? 지구 밖으로 도망칠 수도 없잖아."

그것도 너무 걱정하지 않아도 돼. 이런 위협에 대비한 실험을 하니까.

다트는 위험한 소행성의 방향을 바꾸는 기술을 실험하기 위해 우주로 간 우주선이야. 목표는 지구와 충돌 위험이 없는 소행성의 방향을 바꾸는 것이었어. 실험으로 지구에 위협이 되면 안 되니까.

"정말 충돌 실험을 한 거야?"

응, 지름이 780미터나 되는 소행성인 디디모스와 디모르포스에 충돌 실험을 했어. 10개월을 날아 디디모스와 디모르포스 근처로 간 다트는 디모르포스와 충돌해 궤도를 바꾸는 데 성공했어.

충돌 직전까지 다트는 디모르포스 표면의 사진을 지구로 전송했고, 충돌하기 전에 주변으로 분리되어 비행하던 큐브가 이 광경을 자세히 찍어서 지구로 전송했지.

물론 지구에 있는 망원경들도 이 충돌을 관측했어. 마치 혜성의 꼬리가 생긴 것처럼 먼지가 퍼져 나갔어. 여덟 시간 동안 밝기가 주변의 세 배가 되었다니 정말 흥미진진한 실험이었어.

"와, 영화 같은 이야기야. 이제 정말 안심이 돼. 미래의 지구는 영화에서처럼 소행성 때문에 멸망하는 일은 없을 것 같아."

10. 달에 천문대 세우기

"영상 속 장소는 어디야? 먼지가 폴폴 날리고, 표면에 움푹한 구덩이들이 있는 걸 보면 달인 것 같아. 하지만 밤하늘인데 지구가 보이지 않아."

맞아, 먼지가 많고 움푹 팬 구덩이가 많은 곳, 바로 미래의 달이야. 달의 뒷면이라 지구가 보이지 않지.

"저 로봇들은 달에 기지를 만들고 있는 거야?"

안테나를 보내고 망원경을 설치하는 거야.

"안테나?"

응, 달에 천문대를 세우는 거지.

"지구에도 천문대는 많잖아. 미래에는 왜 달에 천문대를 세우는 거야?"

> 지구에서 우주의 끝까지 보는 것은 한계가 있어. 대기와 날씨 때문에.

"그래서 우주 궤도에 망원경을 보내기도 했잖아. 제임스 웹 우주 망원경처럼 말이야."

맞아, 우주 망원경도 있어. 하지만 문제는 또 있어. 우주 궤도에 인공위성이 많다는 거야. 통신 위성, 기상 위성, 세계 각국의 인공위성은 벌써 지구 주변을 뱅글뱅글 돌고 있어. 우주 기업에서 인공위성을 얼마나 많이 띄웠는지 우주 망원경이 우주를 찍을 때 인공위성이 왔다 갔다 하는 게 계속 찍히거든.

"그런데 그것이 문제가 돼?"

별을 보는 데 방해되니까. 어떤 게 별빛인지 인공위성인

지 구별해야 하잖아.

그래서 아예 달에 우주 관측소를 세우는 거야. 루시나이트(LuSEE-Night)도 달 뒷면에 자리를 잡고 우주를 관측할 전파 안테나야.

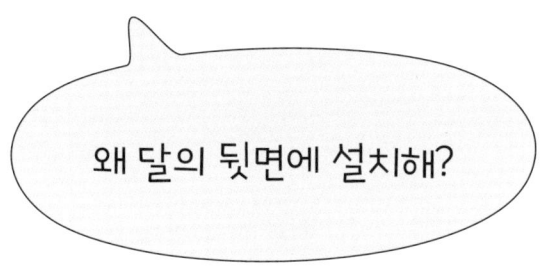
왜 달의 뒷면에 설치해?

달은 지구 주변을 도는 데 한 달이 걸리고, 스스로 한 바퀴 도는 데도 똑같이 한 달이 걸려. 그래서 달은 항상 우리에게 한쪽 면만 보여 줘. 그런데 우리를 바라보는 앞면에 설치하면?

"그러면 매일 지구만 관찰하겠다."

맞아, 그래서 달의 뒷면에 설치하는 거야. 지구가 아닌 우주를 보기 위해서 말이지.

"그렇구나. 매일매일 지구 사진만 찍으면 재미없지."

달은 지구의 영향으로부터 많이 벗어나 있어. 그래서 지구의 전파를 피하기 좋아. 생각해 봐. 요즘 사람들이 얼마나 많은 전파를 주고받는지 말이야.

"맞아, 휴대전화와 방송 그리고 지피에스(GPS)도 있어!"

맞아, 루시나이트는 초기 우주의 전파 신호를 모을 거야. 별과 은하가 아직 생기지 않았고, 캄캄하고 수소 가스만 남았을 때였지. 다행히 이때의 전파는 아직 우주에 남아 있거든.

**아예 달 분화구 전파 망원경을
세울 계획도 있어.
커다란 분화구 하나를
전파 망원경으로 사용하는 것이지.**

달 분화구 전파 망원경 역시 우주 초기의 전파를 수집해 우주의 비밀을 풀 예정이야. 달에 지어야 하는 만큼 로봇을 이용해 지을 수 있도록 개발하고 있어.

이때 달의 기온은 낮에는 영상 120도, 밤에는 영하 173도로 하루에 300도 가까이 오르내리는 날씨를 견딜 수 있도록

만들어야 하지.

"그럼 달에 세운 천문대에서 우주의 비밀을 알아낼 수 있겠다!"

맞아, 앞으로는 세계 여러 나라에서 세운 천문대들로 달의 뒷면이 북적북적해질지도 몰라.

> **아직 우리가 보는 것은 우주의 끝에 다다르지도 못했는데, 우주는 점점 빠르게 커지고 있어. 그리고 우리는 아직 우주의 5퍼센트도 알지 못해!**

"빨리 우주의 비밀이 밝혀져서 먼 우주로 나가고 싶어!"

하지만 이제 우리는 우주를 점점 더 멀리 볼 수 있어.

우주의 비밀을 밝혀내려면 우리는 매일매일 우주를 지켜봐야 해.

작가의 말

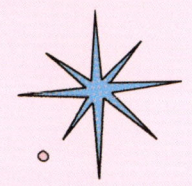

우주는 점점 빠르게 커지고 있어요. 게다가 우리는 아직 우주에 관해 조금밖에 알지 못한답니다.

그래서 우리는 망원경을 우주로 보내요. 특별한 눈을 장착한 제임스 웹 우주망원경은 이전의 망원경보다 훨씬 많은 별과 은하 사진을 찍어 보냈어요. 아주 오래된 별과 은하 사진도 있지요. 얼마 전에는 자그마치 137억 년이나 된 은하를 발견했어요.

과학자들은 이 사진에서 초기 우주의 모습을 찾고, 은하계의 진화 과정을 알아보고, 별이 어떻게 태어나고 죽는지, 다른 행성계는 어떤 환경을 가졌는지 연구해요.

　오래전부터 밤하늘의 별을 보며 길을 찾고, 별을 이어 별자리 이야기를 만들고, 별의 움직임으로 앞날을 예측한 사람들은 제임스 웹 우주망원경으로 우주의 비밀에 가까이 다가가고 있어요. 우주의 비밀을 알면 우리 우주의 미래를 알 수 있지요.

　그리고 우리와 우리 우주가 어떻게 시작되었는지 호기심을 가지는 건 당연한 일이에요. 우리도 우주의 한 부분이니까요.

　이제 우주의 비밀과 우리의 시작을 알기 위해 점점 더 많은 망원경을 설치하고, 우주로 보내고 있어요. 달에 우주 망

　원경을 설치할 계획도 있지요. 그리고 미래에는 정말 달에 천문대를 세울지도 몰라요. 달에서 보는 우주는 지구에서보다 더 선명할 테니까요.

　그런 미래가 빨리 오면 좋겠다고요? 밖으로 나가 밤하늘을 보세요. 우주를 주의 깊게 보면 여러분도 언젠가 우주의 비밀을 발견할 수 있을 거예요.

2024년 초여름에
정윤선

달에 천문대를 세워 볼까?

ⓒ 정윤선·이유민, 2024

초판 1쇄 인쇄일 2024년 6월 20일
초판 1쇄 발행일 2024년 7월 4일

지은이	정윤선
그린이	이유민
펴낸이	정은영
편집	장새롬 윤채완 정사라 서효원
디자인	이도이
마케팅	최금순 이언영 연병선 최문실 윤선애
제작	홍동근

펴낸곳	(주)자음과모음
출판등록	2001년 11월 28일 제2001-000259호
주소	(10881) 경기도 파주시 회동길 325-20
전화	편집부 02) 324-2347 경영지원부 02) 325-6047
팩스	편집부 02) 324-2348 경영지원부 02) 2648-1311
E-mail	jamoteen@jamobook.com

ISBN 978-89-544-5065-2 74500
      978-89-544-4973-1 (세트)

잘못된 책은 구매처에서 교환해 드립니다.